IL BONDAGE SENSORIALE

di Yvan Rettore

INTRODUZIONE

Sono consapevole di trattare un tema di non facile accezione nella nostra società perché visto prevalentemente sotto la cattiva luce di una pratica sessuale legata al mondo della perversione.

Ovviamente trattasi di una visione riduttiva e distorta in quanto il bondage può essere applicato in ben altri ambiti e può presentare non pochi aspetti positivi e benefici se viene realizzato con scopi che trascendono la sola sfera sessuale.

In questa sede intendo affrontare questo tema inserendolo nel contesto di un suo possibile abbinamento con l'isolamento sensoriale, in quanto potrebbe trovare una sua giusta collocazione nella realizzazione di percorsi di crescita importanti e autenticamente innovativi per il benessere del soggetto disposto a viverli.

Certo, non si possono assolutamente improvvisare e devono essere comunque realizzati su una base progettuale da concordarsi preventivamente tra il partecipante e l'orientatore chiamato a concretizzare il percorso abbinando l'immobilismo (caratteristica fondamentale del bondage) con l'isolamento sensoriale.

Il bondage sensoriale quindi richiede necessariamente la costruzione preliminare di un rapporto di fiducia tra i due soggetti coinvolti e deve essere messo in pratica con la consapevolezza che chi vi si sottopone ne è l'unico protagonista e che anche per questo motivo questi deve comunque essere sempre seguito, accompagnato e accudito con dolcezza e pazienza dall'orientatore.

Risulta essere un'attività molto stressante e impegnativa per quest'ultimo ma è allo stesso tempo molto arricchente e appagante perché gli consente di scoprire e conoscere sempre nuovi aspetti dell'essere umano in ogni seduta che viene svolta.

Onde evitare di diffondere idee e intenzioni estranee ai contenuti del presente libro, ho opportunamente evitato di riempirlo di immagini sull'argomento, limitandomi a farlo unicamente nella fase esplicativa relativa alle posizioni che possono venire proposte nel tema qui trattato.

Per ora mi fermo qui e ti invito gentile lettrice, gentile lettore a saperne di più sfogliando le prossime pagine.

Ferrara, lì 24.03.2019

Yvan Rettore

1/ DEFINIZIONE: CHE COS'È IL BONDAGE SENSORIALE?

Innanzitutto, conviene definire il termine bondage nella sua accezione non sessuale.

In tale contesto è da definirsi come una pratica di crescita individuale che si basa sul legare in vari modi un determinato soggetto.

Attraverso l'immobilismo che ne consegue questi viene portato a dover assumere varie posizioni più o meno stabili.

Il bondage sensoriale prevede una estensione della situazione di immobilismo (che si viene a creare attraverso la legatura) in quanto viene unita all'isolamento sensoriale.

L'immobilismo può essere parziale (avere soltanto le mani e/o i piedi legati) o totale (avere mani, piedi, braccia e ginocchia legati con l'unione eventuale dei piedi alle mani), mentre l'isolamento sensoriale può ridursi unicamente alla privazione momentanea del senso della vista o diventare progressivamente totale (isolamento dei sensi primari: visivo, olfattivo e uditivo).

Quindi il bondage sensoriale può attuarsi prevalentemente nelle situazioni di base seguenti che possono tradursi in:

- immobilismo parziale + isolamento sensoriale visivo

- immobilismo parziale + isolamento sensoriale parziale (solo due sensi) immobilismo totale + isolamento sensoriale totale

- immobilismo totale + isolamento sensoriale visivo

- immobilismo totale + isolamento sensoriale parziale (solo due sensi).

Il bondage sensoriale può anche concretizzarsi mantenendo soltanto la respirazione nasale con conseguente isolamento della bocca.

Fermo restando che l'immobilismo (parziale o totale) rimane, come pure l'isolamento visivo, questo stato viene raggiunto imbavagliando il soggetto e lasciando ovviamente libere le narici.

Isolando anche la sfera uditiva di quest'ultimo, il suo corpo si ritrova a concentrarsi prevalentemente sul senso olfattivo il quale viene notevolmente accentuato anche per via respiratoria che in questo caso diventa unica ed esclusiva.

2/ OBIETTIVI

Come già accennato nell'introduzione, il bondage sensoriale non persegue assolutamente finalità di godimento sessuale.

Se è vero che possono sorgere forti stimoli e pulsioni sessuali (specie nei soggetti maschili) è anche vero che il percorso che viene proposto e progettato in accordo col soggetto interessato si prefigge di raggiungere scopi ben più profondi e intensi tesi unicamente a farlo crescere positivamente ed in modo significativo affinché possa scoprire il proprio essere in un'interezza fino ad allora sconosciuta.

Gli obiettivi sono sostanzialmente i seguenti:

- "leggere" le emozioni e sensazioni che trasmette il proprio corpo nelle varie posizioni in cui viene messo

- "usare" il proprio corpo come un "tutto" nell'esplorazione e percezione del mondo circostante

- "potenziare" maggiormente le percezioni sensoriali e soprattutto extrasensoriali

- "respirare" in modo più coinvolgente e totale sentendo maggiormente come è strutturato e reagisce il nostro corpo

- "viaggiare" con la mente in "territori" in cui non vi sono limiti a ciò che vogliamo davvero essere

- "dormire" rimanendo svegli e pienamente consapevoli di vivere in uno stato di "letargo" in cui il rilassamento avvolge completamente il proprio essere in ogni suo elemento.

Il raggiungimento di questi obiettivi consente al soggetto coinvolto di scoprire un "mondo" di sé fino ad allora rimasto inesplorato e nel quale potrà poi tranquillamente rifugiarsi ogni volta che lo vorrà per vivere momenti di serenità e completezza che possono risultare utili per superare le frustrazioni e i limiti che inevitabilmente si affacciano spesso in modo dirompente nella vita quotidiana di ogni persona.

3/ DESTINATARI

Conviene prima di tutto affermare che il bondage sensoriale essendo un vero e proprio percorso di crescita individuale non può assolutamente essere equiparato ad un'esperienza tesa unicamente a provare qualcosa di nuovo.

In parole povere, non si tratta di una attività "usa e getta" e chi si approccia in tal modo non è sicuramente da annoverare fra i potenziali soggetti ai quali il bondage sensoriale potrebbe portare indubbi benefici in modo assoluto.

Chi vuole viverlo deve avere la piena consapevolezza di voler vivere un momento che può aiutarlo ad operare scoperte importanti sul proprio essere in grado di fargli cogliere aspetti positivi che gli potranno consentire di vivere una esistenza migliore e più completa.

Al di là di questa condizione comunque fondamentale, sono da considerare potenziali destinatari tutti gli adulti.

Tuttavia, è necessario operare dei distinguo di non poco conto oltre ad escludere comunque certe categorie di persone:

- persone diversamente abili
- individui con problemi cardiocircolatori, di pressione (alta o bassa) e ossei
- emofiliaci, diabetici, anoressici, bulimici, asmatici, fobici e epilettici

- soggetti colpiti da malattie mentali o da disturbi quali traumi o forme depressive acute

- gente unicamente interessata al raggiungimento di un qualsiasi godimento sessuale.

Chi opera la scelta di vivere questa esperienza deve avere ovviamente la piena consapevolezza che non ha nulla a che vedere con il bondage caratteristico del BDSM e che trattasi unicamente di una pratica tesa a portare rilassamento e una profonda crescita interiore.

E comunque la regola fondamentale in questo tipo di percorso è che viene svolto soltanto in funzione del benessere di chi lo vive.

Quindi non si tratta assolutamente di far vivere al soggetto coinvolto una nuova esperienza di tipo sessuale e ancor meno situazioni di depravazione che appartengono unicamente al mondo della perversione.

Ciò non esclude che possano sorgere nel soggetto coinvolto forti stimoli eccitativi durante la seduta che non vanno repressi perché facenti parte della natura stessa di ogni essere umano e quindi lasciati vivere in modo sereno, ma senza incentivarli ulteriormente perché come già detto la dimensione sessuale non può assolutamente essere intesa come uno scopo del bondage sensoriale.

4/ DOVE SI SVOLGONO LE SEDUTE

Le sedute andrebbero svolte preferibilmente presso il domicilio del soggetto interessato.

Questo soprattutto perché si tratta per lui di un luogo amico e conosciuto e quindi in grado di produrre fin dall'inizio un clima sereno e tranquillo idoneo per affrontare al meglio l'esperienza proposta.

Soltanto su richiesta specifica la seduta può venire svolta presso lo studio dell'orientatore.

E comunque va realizzata in un ambiente luminoso, pulito, ben riscaldato e non soffocante.

Non deve esserci umidità e la temperatura non deve essere né troppo calda d'inverno, né troppo fresca d'estate.

Il bondage sensoriale (essendo molto coinvolgente sul piano fisico ed emotivo) può fare generalmente incrementare sensibilmente la temperatura corporea del soggetto coinvolto.

Di conseguenza, una temperatura troppo fresca potrebbe causare dolori ad un corpo immobilizzato e sottoposto passivamente ad un contrasto di temperature troppo significativo.

Ciò potrebbe quindi essere all'origine di una sudorazione improvvisa eccessiva non soltanto sgradevole ma in grado anche di provocare dolori in particolare alla schiena, nonché eventuali dolorosi crampi agli arti.

D'altro canto, la presenza di una temperatura troppo elevata non è consigliabile perché in questo caso la sudorazione potrebbe risultare ancora maggiore e la presenza di odori sgradevoli provenienti da tale effetto potrebbero presentare il rischio di non consentire di vivere l'esperienza in modo piacevole.

Ovviamente, prima dell'inizio di ogni seduta, la stanza deve essere adeguatamente arieggiata.

È consigliabile spargere profumi nell'ambiente ma bisogna evitare di esagerare onde non alterare le percezioni olfattive che saranno sicuramente nettamente più forti e intense nel soggetto coinvolto.

Ovviamente, non devono essere presenti ostacoli o oggetti che possano ledere fisicamente il partecipante.

Prestare quindi particolare attenzione a elementi appuntiti e spigoli.

Infine, accertarsi preventivamente circa eventuali allergie di cui può essere vittima il soggetto sia a livello olfattivo che tattile e rimuovere del tutto dalla stanza in cui si svolgerà la seduta polveri, odori e atri potenziali elementi che potrebbero essere in grado di generarli.

5/ MATERIALI CONSENTITI E PRECAUZIONI

a) La scelta dei materiali

Prima di cominciare la seduta è fondamentale operare una scelta adeguata dei materiali da usare.

Per procedere alla legatura, bisogna scegliere dei foulard o delle normali corde (le migliori sono quelle di cotone di uno spessore di 8 mm che sono proprio adatte a questo scopo; vedi foto qui sotto) che non siano però eccessivamente grosse.

Per quanto riguarda l'isolamento sensoriale si deve ricorrere a:

- *foulard di raso o seta neri* per isolare occhi e/o bocca (vedi foto modella qui sotto)

- *stringinaso* (del tipo in uso nel nuoto sincronizzato) per tappare adeguatamente le narici (vedi foto modella qui sotto)

- *tappi auricolari in schiuma o silicone* perché sono in grado di modellarsi ad ogni forma di orecchio.

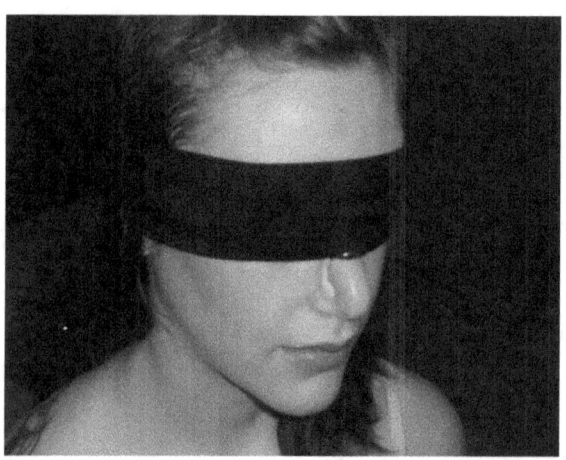

Sono assolutamente da escludere i seguenti tipi di materiali:

- *fascette di plastica* in quanto sono in grado di compromettere notevolmente la circolazione sanguinea perché stringono di solito in modo piuttosto eccessivo l'arto (mani o piedi) e risultano comunque impossibili da sciogliere

- *lacci di cuoio* in quanto stringono eccessivamente e non risultano facili da sciogliere

- *nastri adesivi* in quanto sono in grado di stringere in modo piuttosto eccessivo gli arti; sono da evitare anche come bende o bavagli perché contengono elementi chimici e sono portatori potenziali di batteri che potrebbero avere ripercussioni sulla salute del soggetto coinvolto

- *manette o cinture di cuoio* in quanto se strette troppo forte possono risultare dannose alla circolazione e sono comunque in grado di lasciare spesso segni sgradevoli che possono essere all'origine di piaghe dolorose

- *mollette per chiudere le narici* perché risultano molto dolorose e quindi difficilmente tollerabili

- *tappi di ovatta (o di materiali analoghi) da inserire nel naso* otturandone completamente le narici perché possono essere portatori di batteri e spargere elementi eventualmente dannosi una volta penetrati nell'organismo

- *tappi di ovatta o di materiale plastico per isolare le orecchie* in quanto potrebbero essere lesivi per il timpano e/o veicolare elementi fastidiosi e batteri

- *bende di latex e/o bavagli a pallina* in quanto possono risultare molto invasivi ed essendo realizzati prevalentemente con l'aggiunta di elementi chimici (non sempre di buona qualità) potrebbero essere all'origine di allergie e/o intolleranze nonché portatori di batteri.

b) Liberazione delle vie respiratorie e uditive

Accertarsi che le vie respiratorie, in particolare nasali non siano ostruite e che il soggetto coinvolto possa respirare normalmente attraverso entrambe le narici.

È comunque consigliabile che il soggetto coinvolto si soffi il naso anche più volte prima dell'inizio della seduta.

In presenza di raffreddore acuto nel soggetto coinvolto è meglio rinviare la seduta ad una data ulteriore, perché la liberazione delle cavità nasali è fondamentale per la buona riuscita del percorso.

È opportuno anche verificare che la bocca del partecipante risulti completamente libera in particolare da residui di cibo e che non vi siano riscontrabili perdite di sangue e/o infiammazioni gengivali.

Verificare anche che le orecchie non siano ostruite di cerume e nel caso procedere alla loro rimozione invitando il soggetto a liberarle eseguendo un esercizio molto semplice ma efficace.

Quest'ultimo si effettua tappandosi momentaneamente il naso stringendo le narici con l'indice e il pollice e mantenendo la bocca chiusa.

Trattenendo il fiato e cercando di soffiare fortemente aria all'interno del naso chiuso, le orecchie dovrebbero stapparsi senza problemi e essere quindi liberate dal cerume che le ostruisce.

L'esercizio dovrà essere eventualmente ripetuto e questo finché le orecchie risulteranno effettivamente libere.

c) Abbigliamento

Si possono scegliere due varianti di abbigliamento:

- tuta da ginnastica
- costume da bagno (bikini per le donne).

Nella prima opzione, sarebbe meglio indossare una tuta possibilmente aderente e in grado di ricoprire tutto il corpo come se fosse un unico capo di abbigliamento.

Nel caso di una tuta formata invece di due elementi (giacca e pantaloni) è preferibile che possa chiudersi con il lampo anziché coi bottoni onde non risultare intralciante e fastidiosa nello svolgimento della seduta.

Bisogna comunque evitare di allacciarsi una cintura alla vita.

La seconda opzione è preferibile alla prima in quanto a livello tattile suscita un coinvolgimento maggiore e nettamente più intenso nel soggetto interessato.

Per le donne, al posto del bikini può essere usato anche un costume da bagno intero.

In ogni caso non viene mai richiesta la nudità completa.

Calzature e calzini sono esclusi perché verrebbero a mancare le sensazioni tattili di una parte molto importante del corpo a livello percettivo per quanto riguarda questo senso.

Sono da togliere ovviamente bracciali, collane, orecchini ma anche piercing su naso e bocca in quanto potrebbero essere d'intralcio o potenzialmente pericolosi per il soggetto coinvolto.

d) Peli e capigliatura

Il taglio corto è quello che si presta meglio a questo genere di esperienza.

Per i soggetti con i capelli lunghi, nel caso di soggetti di sesso maschile, è preferibile che si facciano il codino, mentre per quanto riguarda le donne sarebbe meglio che si facessero la coda di cavallo o lo chignon.

È possibile anche indossare una cuffia, ma la cosa non appare molto consigliabile a causa dell'incremento della sudorazione corporea che a contatto col cuoio capelluto potrebbe risultare non poco sgradevole.

Per motivi analoghi, sarebbe meglio vivere il percorso col corpo completamente depilato.

È consigliabile, in particolare per gli uomini, rimuovere completamente i peli dalle narici onde rendere più agevole e costante il flusso d'aria.

e) Trucchi, profumi e cosmetici

In particolare, se il soggetto coinvolto è di sesso femminile (ma la cosa è rivolta anche agli uomini in quanto ne fanno uso con sempre maggiore frequenza), sarebbe doveroso presentarsi alla seduta senza trucchi, profumi e cosmetici sul proprio corpo.

Questo perché la loro permanenza sullo stesso può alterare la percezione sensoriale, soprattutto quella tattile ed olfattiva e distrarre la mente dalle forti emotività ed intense sensazioni generate dalla situazione in cui ci si trova.

Se questo aspetto è meno rilevante per trucchi e cosmetici che appaiono facilmente rimuovibili, lo è sicuramente molto di più nel caso dei profumi che permangono per molto più tempo sul corpo.

f) Cellulari e tablet

La stanza in cui avviene la seduta dev'essere immersa nel silenzio affinché le percezioni, sensazioni ed emotività del soggetto coinvolto possano venire vissute al meglio in un contesto destinato ad essere dominato dalla serenità e dalla tranquillità.

Non viene richiesto al soggetto interessato di spegnere dispositivi quali cellulare o tablet, ma unicamente di renderli del tutto silenziosi attraverso la disattivazione momentanea di suonerie e/o vibrazioni.

Tuttavia, per qualsiasi necessità imperativa o di carattere irrinunciabile, sarà premura del soggetto fornire preventivamente a eventuali persone che avessero bisogno di contattarlo con urgenza il numero di cellulare dell'orientatore.

In questi casi quest'ultimo procederà all'interruzione o sospensione immediata della seduta in corso.

Sarà ovviamente compito del soggetto coinvolto invitare le persone in questione di chiamare l'orientatore unicamente per casi gravi in cui si renda assolutamente necessaria la sua risposta.

6/ MODALITÀ DI APPLICAZIONE

a) Legare lentamente e con cura

Legare qualcuno richiede molta pazienza e tranquillità, anche perché è un momento in cui si deve stabilire un forte rapporto di fiducia con il soggetto coinvolto.

Quindi se la cosa viene svolta senza foga e con dolcezza, questi riesce ad accettarla serenamente e a lasciarsi andare completamente.

Quest'ultimo aspetto risulta fondamentale per il buon proseguimento dell'esperienza.

Si comincia col legare le mani (davanti o dietro la schiena), poi i piedi e per ultimo eventualmente ginocchia e braccia, a seconda della posizione che è stata stabilita a priori tra le rispettive parti.

È molto importante che al termine di ogni legatura venga accertato che il flusso sanguineo continui a mantenersi regolare.

Ciò si traduce nel verificare che le corde o foulard non siano troppo stretti e questo anche per evitare che dei segni possano essere lasciati sul corpo al punto da diventare possibili piaghe.

Altrettanto importante è richiedere al soggetto coinvolto se effettivamente la legatura ultimata non risulti eccessiva e quindi difficilmente sopportabile.

b) Strumenti per procedere all'isolamento sensoriale

1. La benda

Di raso o di seta nera, non deve essere ovviamente stretta in modo eccessivo.

È preferibile che non ricopra le orecchie (anche parzialmente) perché così aderisce meglio al volto e si evita un possibile disagio nel soggetto.

Per gli stessi motivi, anche la punta del naso deve risultare completamente libera.

La benda può essere all'occorrenza bagnata per stimolare ulteriori sensazioni nella persona coinvolta.

Facile da fissare nelle persone con i capelli corti, può risultare un po' più difficile in quelli con i capelli lunghi specie se ricci.

In questo caso, è ancora maggiormente consigliabile cercare di bendare il soggetto lasciando completamente libere le orecchie.

2. I tappi auricolari

Nel caso siano già stati usati, accertarsi che siano puliti, altrimenti procedere ad un adeguato lavaggio degli stessi.

Inserirli con cura evitando però di schiacciarli in modo eccessivo.

La cosa più importante è che risultino perfettamente aderenti al buco di ogni singolo orecchio al fine di isolare al meglio l'udito.

3. Lo stringinaso

Nel caso sia già stato usato, assicurarsi che sia stato pulito, altrimenti procedere ad un adeguato lavaggio dello stesso.

Può essere impiegato in due modi:

- procedendo alla chiusura delle narici inserendolo dalla parte superiore del naso alla punta dello stesso
- procedendo alla chiusura delle narici inserendolo partendo dalla parte inferiore situata immediatamente sotto la punta del naso.

Una volta inserito, stringerlo leggermente quel tanto che basta per accertarsi che sia perfettamente aderente al naso isolandone quindi totalmente la fuoriuscita di aria.

4. Il bavaglio

Nel caso non si usi lo stringinaso e si ricorra al solo bavaglio, questi dev'essere stretto ai lati della bocca aperta del soggetto in modo tale da non consentirne il movimento ma da garantirne comunque la fuoriuscita di aria.

Questo procedimento consente di respirare sia con il naso che con la bocca, anche se porta il soggetto ad usare molto di più il primo.

Se invece si intende fare in modo che la respirazione avvenga unicamente per via nasale, allora si procede con l'impiego di un ulteriore bavaglio che andrà a coprire interamente la bocca.

All'occorrenza sia l'uno che l'altro bavaglio potranno essere preventivamente bagnati.

Ovviamente, stringere in entrambi i casi in modo ragionevole i singoli bavagli.

c) Accudire il soggetto

Non lasciare mai da solo il soggetto coinvolto che va comunque sempre seguito durante tutta la durata di ogni singola seduta.

Coccolare il partecipante, facendogli sentire sempre la propria vicinanza, parlandogli e accogliendo sue eventuali richieste (ivi comprese quando il soggetto è imbavagliato mediante mezzo comunicativo stabilito preventivamente con l'orientatore) e accarezzandogli dolcemente il cuoio capelluto e il volto in modo da creare il più possibile un clima sereno e tranquillo per il buon proseguimento dell'esperienza.

La presenza e l'eventuale coinvolgimento di una persona cara non sono affatto da escludere e anzi in certi casi potrebbero essere anche consigliabili in quanto in grado di rendere migliore l'esperienza vissuta dal partecipante.

d) Controllare la situazione

Accertarsi che la respirazione sia regolare e che la circolazione nelle zone legate avvenga senza problemi, in particolare verificando che il colore della pelle sia sempre uguale.

A metà seduta far bere acqua al soggetto coinvolto onde evitare una possibile disidratazione dovuta ad una eventuale sudorazione eccessiva.

e) Stimolare tatto, udito e olfatto

Onde stimolare tatto e olfatto, l'orientatore procede a massaggi lenti ma intensi del volto e degli arti del partecipante, da svolgere ricorrendo eventualmente a elementi stimolanti e piacevoli quali acqua, olio profumato o crema.

Sempre nello stesso ambito, l'orientatore può toccare il soggetto interessato con oggetti di vario tipo (evitando ovviamente quelli potenzialmente pericolosi), meglio ancora se odorosi.

Sul piano uditivo, può risultare interessante mettere una musica rilassante di genere etnico o new age in grado di generare un forte rilassamento nella persona coinvolta.

f) Viaggiare ascoltando

L'orientatore può fare vivere alla persona coinvolta delle esperienze guidate in grado di portarla ad entrare in una dimensione mentale extracorporea.

Grazie all'ascolto attento di una voce guida tranquilla e pacata, il partecipante può ritrovarsi ad immaginare un viaggio del proprio essere in situazioni così coinvolgenti da sembrare che stiano avvenendo effettivamente nel momento in cui vengono descritte dall'orientatore.

Le emozioni che possono suscitare questi "viaggi mentali" sono molto forti e intense e sono sicuramente (unitamente alla sfera percettiva) da annoverarsi fra i momenti più belli del percorso.

g) Durata

Generalmente una seduta di bondage sensoriale non supera mai la durata di un'ora.

Le sollecitazioni sensoriali, extrasensoriali ed emotive del soggetto sono tali da non consentire di andare oltre perché essendo molto forti, intense e totalizzanti risultano molto provanti per l'organismo di colui che le vive.

In alcuni casi, la seduta può durare anche meno (tipo mezz'ora) perché magari il soggetto interessato fatica ad andare oltre.

Comunque, questa deve sempre svolgersi in modo adeguato al suo fisico e conformemente al progetto preventivamente concordato con l'orientatore.

h) Aspetti legali

Il progetto prestabilito tra l'orientatore e il partecipante è parte integrante di un accordo scritto tra le parti in cui vengono definiti in particolare i punti seguenti

- luogo, ora e data di ogni singola seduta
- nome, cognome, codice fiscale, documento d'identità, luogo e data di nascita, indirizzo di residenza sia dell'orientatore che del partecipante
- accettazione da parte dell'orientatore di svolgere la seduta unicamente in conformità a quanto esposto nel progetto concordato con il partecipante
- accettazione da parte del partecipante di essere legato, isolato sensorialmente e sottoposto alle prove nei limiti indicati nel progetto concordato con l'orientatore.

La chiarezza di questi elementi è indispensabile nella costruzione di un rapporto di fiducia che deve necessariamente avvenire tra l'orientatore e il partecipante al percorso.

Evitare questo aspetto o peggio ancora non definirlo in modo chiaro potrebbe portare a situazioni di disagio o equivoci sgradevoli quanto piacevoli per ambo le parti e che vanno all'esatto opposto di quanto dovrebbe essere il bondage sensoriale che è da considerarsi unicamente come una proposta di percorso di crescita individuale incentrata esclusivamente sul benessere della persona coinvolta.

7/ LE POSIZIONI

PREMESSA

È doveroso precisare che nel bondage sensoriale non sono ammesse legature dei seguenti tipi:

- sospensioni in quanto possono risultare dolorose e potenzialmente pericolose specie per quanto riguarda la circolazione negli arti coinvolti

- al muro o al letto perché relativi a pratiche rientranti nel mondo del BDSM

- passaggi di corde o simili nelle parti genitali e nella zona anale in quanto dolorose e potenzialmente dannose per l'organismo della persona coinvolta.

Qui di seguito vengono descritte alcune delle posizioni più ricorrenti del bondage sensoriale:

a) POSIZIONE FETALE

La singolarità di questo genere di posizione è rappresentata dal fatto che il soggetto si ritrova a vivere uno stato molto simile a quello in cui si trova ogni essere umano prima della nascita, ossia nel corpo della madre.

Rilassante anche per questo motivo, è generalmente quella che viene accettata meglio probabilmente per la sua originalità in grado di portare il soggetto coinvolto a rivivere una situazione mai più sperimentata dopo la nascita.

Nella foto qui sotto, il soggetto si trova in immobilismo e isolamento totali.

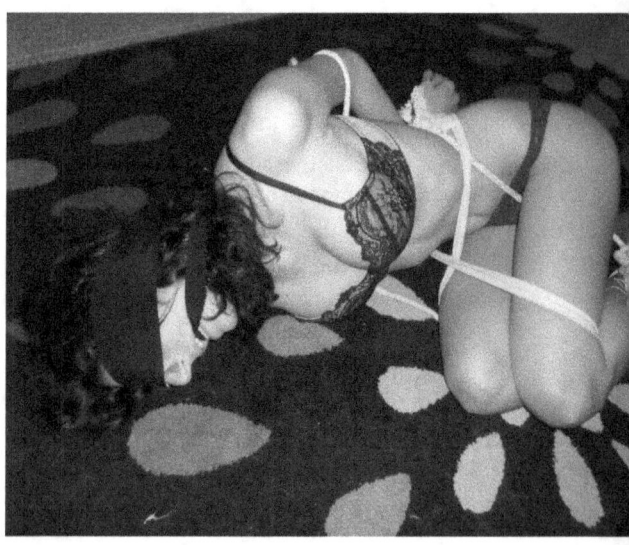

b) *POSIZIONE DELL'ABBRACCIO*

Si tratta di una posizione in cui il soggetto coinvolto, abbracciandosi, esprime il proprio amore e affetto verso sé stesso, sentendo il proprio corpo come un tutt'uno, come se fosse avvolto all'interno di una sfera.

Indicata soprattutto per le persone che hanno bisogno di sentirsi amate e che dimenticano che per amare bisogna amare prima di tutto sé stessi.

c) *POSIZIONE A TERRA*

Conosciuta col termine "hogtied" nel bondage classico, viene qui riproposto come un momento di forte impatto e dialogo con la terra, in quanto il contatto inevitabile col suolo porta il soggetto coinvolto ad interagirvi maggiormente ed in modo molto più intenso del solito.

Risulta più impegnativa delle precedenti perché si svolge con la pancia in giù, ma allo stesso tempo è più intensa sul piano strettamente fisico e percettivo.

d) *POSIZIONE DI DIFESA*

Simile alla posizione dell'abbraccio, ne differisce però perché le mani vengono a trovarsi sopra le spalle della persona coinvolta.

Adatta per i soggetti che sentono il bisogno di essere protetti e che sono interessati a vivere quel momento come un'esperienza di autentico isolamento dal mondo circostante per scoprire parti di sé in grado di rassicurarli.

Nell'immagine qui sotto, una variante di tale posizione.

e) *POSIZIONE DI LANCIO IN AVANTI*

Posizione piuttosto strana, porta la persona coinvolta a doversi chinare verso l'avanti.

Al contrario della precedente, trattasi di una posizione in cui il soggetto coinvolto si butta verso l'ignoto accettandone quindi le sfide ed imprevisti che ciò comporta.

Adatta quindi per individui desiderosi di mettersi alla prova e interessati a scoprire limiti e misteri del loro essere.

f) POSIZIONE SEDUTA

In questa posizione, la persona coinvolta viene immobilizzata stando seduta.

Risulta rilassante proprio per questo e idonea sul piano percettivo, sia uditivo e che olfattivo.

Amata in particolare da soggetti che vogliono vivere l'esperienza in una situazione di forte comodità e con una sensazione più limitata di immobilismo.

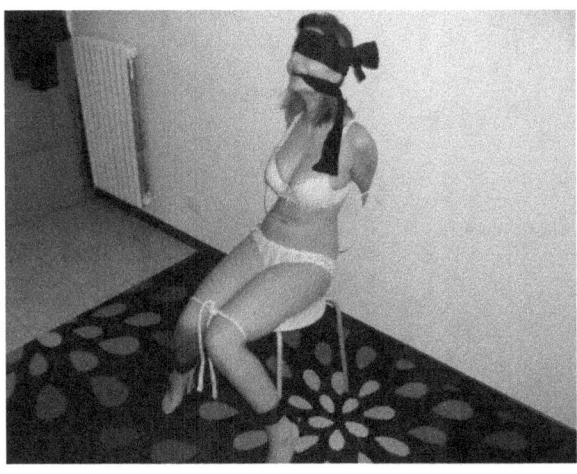

8/ BONDAGE SENSORIALE IN COPPIA

Il bondage sensoriale si rivolge principalmente a persone singole in quanto trattasi di un percorso di crescita individuale estremamente coinvolgente sia su un piano fisico che mentale.

Tuttavia, nulla esclude che possa essere proposto anche a coppie fortemente legate su un piano sensoriale, senza alcuna distinzione tra coppie eterosessuali e omosessuali.

Conviene ribadire anche in questo caso che il percorso dovrebbe fare l'oggetto di un progetto preliminare concordato con l'orientatore e che presenta le stesse condizioni e limiti di applicazione caratteristici del bondage sensoriale individuale.

Ovviamente, non prevede nemmeno in questo caso una qualsiasi finalità di carattere sessuale.

I soggetti coinvolti possono essere legati singolarmente o essere immobilizzati insieme.

Nella fattispecie gli obiettivi da raggiungere sono i seguenti per entrambi in partecipanti sono:

- "leggere" le emozioni e sensazioni reciproche che vengono trasmesse attraverso il contatto diretto dei corpi o l'interazione degli stessi attraverso la vicinanza e varie posizioni in cui possono venire posti

- "usare" i propri corpi come una entità unica nell'esplorazione e percezione del mondo circostante

- "potenziare" maggiormente le percezioni sensoriali e soprattutto extrasensoriali attraverso il contatto diretto o l'interazione dei corpi coinvolti

- "respirare" in modo più coinvolgente e totale sentendo maggiormente come è strutturato il proprio corpo quando interagisce o è in contatto diretto con quello del proprio partner

- "viaggiare" insieme con la mente in "territori" in cui non vi sono limiti a ciò che si vuole davvero essere come coppia

- "dormire" rimanendo svegli e pienamente consapevoli di vivere uniti in uno stato di "letargo" in cui il rilassamento avvolge completamente entrambi gli esseri in ogni suo elemento.

Il conseguimento di questi scopi permette alla coppia coinvolta di scoprire un "mondo" fino ad allora rimasto avvolto nel mistero e nel quale entrambi potranno poi tranquillamente rientrare insieme ogni volta che lo desidereranno al fine di riuscire a vivere attimi di serenità e complicità intensi e spontanei che possono risultare estremamente utili per superare le frustrazioni e tensioni che possono spesso presentarsi in modo del tutto inaspettato in un qualsiasi rapporto sentimentale e questo ancora di più se quest'ultimo è di lunga durata.

Il bondage sensoriale di coppia non risolve di certo problemi intrinsechi alla stessa ma è in grado di aiutare i suoi membri nel vivere e scoprire nuovi elementi comuni che possono risultare arricchenti e positivi ad una possibile evoluzione ulteriore della comunicazione e complicità sia fisica che mentale degli stessi.

In parole povere può creare momenti di intimità e di interazione nuovi e maggiormente spontanei e coinvolgenti in grado di abbattere barriere e incomprensioni sorte nel tempo attraverso la noia del rapporto o la mancanza di dialogo tra i partner.

Qui sotto alcune immagini di una coppia lesbica che interagisce in varie situazioni.

1. Coppia intenta a comunicare annusando l'aria che c'è tra loro.

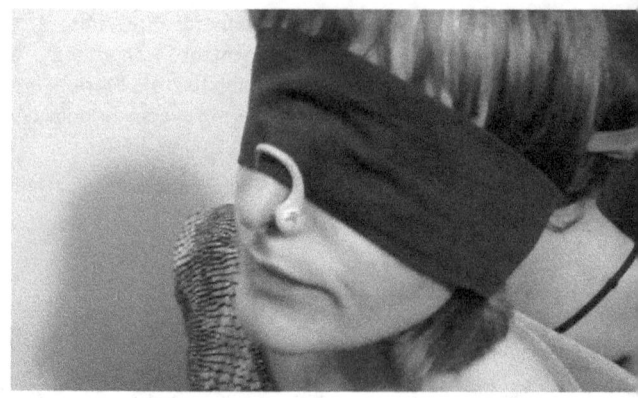

2. Coppia legata insieme in isolamento sensoriale totale.

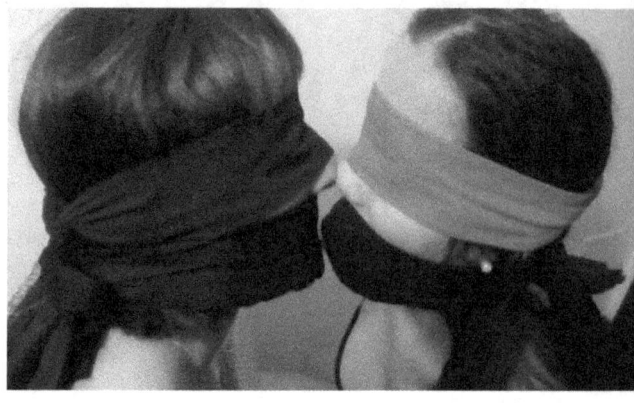

3. Coppia imbavagliata intenta a baciarsi all'"eschimese" e annusando il corpo dell'altra.

9/ IL SELF-BONDAGE NON SI
PRATICA NEL BONDAGE SENSORIALE

Contrariamente a quanto avviene nei percorsi sensoriali, non è consigliabile adottare un "fai da te" (il cosiddetto "self-bondage") nel campo del bondage sensoriale e questo per vari motivi:

- rischio di legarsi male e/o con materiale non idoneo e di non riuscire quindi più a liberarsi

- rischio di legare in modo eccessivo gli arti (compromettendo la circolazione sanguinea) o di stringere troppo le corde sul diaframma o in punti inopportuni del corpo (rendendo di fatto difficoltosa la respirazione)

- imbavagliarsi esagerando come ad esempio inserendo un fazzoletto all'interno della bocca con rischio di potenziale soffocamento

- bendarsi schiacciando in modo inopportuno le narici e quindi ostacolando il flusso regolare di aria al loro interno

- e non da ultimo trovarsi in uno stato di completa impotenza nel caso di eventi fortuiti come ad esempio un cortocircuito o simili.

Detto questo, procedere ad un isolamento sensoriale totale o parziale rimane sempre possibile abbinandolo ad una legatura parziale e soft in cui il soggetto possa comunque sempre avere la possibilità di liberarsi agevolmente in ogni momento.

La cosa migliore sarebbe però sempre di fare simili attività sempre in presenza di una altra persona che possa sempre intervenire in caso di necessità.

Ad ogni modo, il self-bondage non si inquadra affatto nell'esperienza del bondage sensoriale che richiede necessariamente l'intervento di un orientatore in grado di accompagnare il processo del soggetto e di monitorarlo in ogni sua fase.

Inoltre, il bondage sensoriale prevede sempre e comunque una intesa preliminare tra orientatore e partecipante che si traduce in un vero e proprio progetto corollario fondamentale e imprescindibile di un accordo scritto tra le rispettive parti coinvolte.

Quindi nessuna improvvisazione o attività non inerente a questo tipo di percorso può essere ammessa, in quanto ad essa del tutto estranea e controproducente per il buon esito dello stesso.

10/ IL BONDAGE SENSORIALE NON PREVEDE NESSUN ESIBIZIONISMO

Il bondage sensoriale non prevede alcuna esternazione di stampo esibizionista, perché si inserisce in un contesto di intimità della persona coinvolta e vuole essere un supporto efficace nell'incrementare il benessere della stessa.

Come già detto, può essere ammessa la presenza di una persona cara che però rimane un soggetto attivo nel buon svolgimento della seduta, sia per il solo fatto di esserci, sia per il fatto di essere chiamato in determinati momenti a dare un contributo effettivo collaborando direttamente con l'orientatore nella realizzazione di determinate prove.

Oltre non si va e quindi non verranno mai svolte sedute di bondage sensoriale in pubblico e nemmeno verranno diffusi filmati o foto sulle stesse perché rimane una esperienza circoscritta al soggetto che la vive e che deve rimanere nella sfera riservata della propria intimità e destinata unicamente al suo benessere personale.

L'esibizionismo è una delle tante varianti legate al mondo della perversione tipica delle attività che si svolgono nell'ambito del BDSM e come tale viene inteso per raggiungere punte di godimento e di eccitazione che non sono certo gli obiettivi che si prefigge il bondage sensoriale.

Non sono previste nemmeno sedute di prova e ancora meno in presenza di un pubblico potenzialmente o eventualmente interessato, in quanto accettare di vivere un simile percorso di crescita rientra strettamente nella sfera privata di chi lo vive e tale esperienza non può assolutamente ridursi a trasformarsi anche in un mezzo di marketing pubblicitario della stessa.

La pessima fama acquisita poi dal bondage nel mondo del BDSM non facilita ovviamente la diffusione del bondage sensoriale in quanto tale che può essere spiegato e chiarito unicamente attraverso un confronto sano, diretto e assente da qualsiasi pregiudizio con la persona che intende vivere effettivamente tale esperienza.

Per questo motivo la fase progettuale è determinante in questo tipo di percorso, sia perché crea un rapporto di fiducia tra le persone coinvolte, sia perché ogni seduta viene plasmata e programmata in funzione delle necessità e richieste del soggetto interessato.

Questo aspetto fondamentale e caratteristico del bondage sensoriale esclude fin dall'inizio ogni deriva esibizionista delle sedute.

11/ COME SI REALIZZA UN
PROGETTO DI BONDAGE SENSORIALE?

La redazione di un progetto sensoriale in certi casi può richiedere più incontri i quali dovrebbero avvenire direttamente tra le persone coinvolte, ossia l'orientatore da una parte e il partecipante (o i partecipanti nel caso di un progetto che coinvolga una coppia) dall'altra.

Innanzitutto, è necessario che l'orientatore presenti in modo sommario ma chiaro in cosa consiste vivere una simile esperienza.

Una volta definito questo aspetto è fondamentale che il partecipante esponga cosa si aspetta da quest'ultima e le motivazioni che lo spingono a volerla provare.

In questa fase è importante che il candidato si apra il più possibile nei confronti dell'orientatore, spiegando quali sono i suoi limiti, le sue frustrazioni ed eventuali disagi e quali traguardi vorrebbe raggiungere attraverso il bondage sensoriale.

In pratica, il partecipante presenta un vero e proprio libro intimo della propria vita in cui si rivela a cuore aperto nei confronti dell'orientatore.

A quel punto si procede alla vera e propria elaborazione del progetto in conformità a quanto espresso nel dialogo avvenuto tra entrambi i soggetti coinvolti, stabilendo le condizioni di realizzazione di ogni singola seduta, tempistica e ogni altro elemento utile al completamento del percorso che dovrà essere realizzato.

Una volta realizzata la stesura definitiva del progetto, si procede ad un accordo legale scritto per ufficializzare il percorso scelto.

Ogni pagina costitutiva del progetto e dell'accordo concluso viene firmata a titolo di accettazione da ambo le parti contraenti.

Ognuna di queste poi conserva una copia di tali documenti a comprova di quanto stabilito tra esse.

Da quel momento le sedute di bondage sensoriale possono prendere effettivamente inizio.

12/ CONCLUSIONE

Sono giunto al termine di questa breve presentazione del bondage sensoriale.

Ci sarebbe ovviamente molto altro da dire sull'argomento perché toccando in modo molto intenso le sfere emotive e sensoriali della persona che decide di viverlo non è un tema che può essere di certo liquidato in poche righe.

L'ideale (al di là della sua definizione, delle modalità di applicazione e degli obiettivi) sarebbe di poter un giorno scrivere un seguito alla presente opera dando parola a coloro che lo hanno vissuto offrendo così delle testimonianze preziose e originali che potrebbero fornire una validità e una credibilità ancora maggiori rispetto a quanto detto fin qui.

Questo perché la fase esperienziale di questo tipo di percorso di crescita individuale (e eventualmente di coppia) risulta davvero determinante se si intende dimostrarne l'utilità nell'ambito dell'evoluzione del benessere fisico e mentale di coloro che hanno deciso di provarlo.

Per il momento, la cosa che mi auguro maggiormente è di essere riuscito a fornire una distinzione netta tra quello che è il bondage sensoriale e quello classico legato al mondo del BDSM.

Purtroppo, quest'ultimo aspetto che riveste una connotazione piuttosto negativa (dovuta sicuramente anche grazie alla disinformazione esagerata dei media sull'argomento) nel nostro Paese non facilita affatto la diffusione e la conoscenza del bondage sensoriale, il quale si inserisce invece in un contesto del tutto diverso in quanto teso unicamente a migliorare il benessere della persona (o coppia) coinvolta.

Certo, posso capire che non sia per niente facile entrare in una dimensione sconosciuta e misteriosa del nostro essere.

Già lo è a livello di isolamento sensoriale.

Figuriamoci quando a quest'ultimo viene abbinato l'immobilismo.

Sorgono sensazioni ed emozioni estremamente forti ed intense che ovviamente ogni singolo soggetto vive in modo unico e personale e che accetta quindi anche in modo diverso rispetto ad altri.

Risulta quindi impossibile (ma si rivelerebbe anche alquanto inopportuno tentare di farlo) operare generalizzazioni su un tema così profondamente incentrato sulle peculiarità di ogni singolo partecipante (o coppia).

Però se questo punto appare senz'altro ineccepibile, è altrettanto ovvio che non si tratta di un percorso di crescita adatto a chiunque.

Questo, sia perché richiede condizioni di esecuzione ben definite, sia perché non è affatto scontato riuscire ad avere la volontà sufficiente di mettersi in gioco fino al punto da essere pronti a scoprire zone inesplorate del proprio essere sul piano fisico e mentale.

E a prescindere da qualsiasi altra considerazione sono proprie queste scoperte che risultano essere in grado di offrire un notevole giovamento a chi decide di viverle fino in fondo.

Basta volerle conoscere davvero fino in fondo, anche perché possono segnare la traiettoria per realizzare una crescita positiva che merita comunque di essere vissuta.

Quindi, perché non provare?!

INDICE

www.ingramcontent.com/pod-product-compliance
Lightning Source LLC
Chambersburg PA
CBHW070336290526
45791CB00003B/1360

* 9 7 8 0 2 4 4 1 7 1 0 9 4 *